# TÄIELIK MAGUSTATAVADIDE RETSEDIRAAMAT

Suurendage oma magustoidumängu ülima lauakogemusega

Olga Kull

Autoriõigus materjal ©2024

Kõik õigused kaitstud

Ühtegi selle raamatu osa ei tohi mingil kujul ega vahenditega kasutada ega edastada ilma kirjastaja ja autoriõiguse omaniku nõuetekohase kirjaliku nõusolekuta, välja arvatud ülevaates kasutatud lühikesed tsitaadid. Seda raamatut ei tohiks pidada meditsiiniliste, juriidiliste või muude professionaalsete nõuannete asendajaks.

# SISUKORD _

SISUKORD _ ........................................................................... 3
SISSEJUHATUS ....................................................................... 7
PIDULISED E DESSERTLAADID ............................................... 8
   1. Püha Patricku päeva Õnnelik Charmsi magustoidulaud ......................... 9
   2. Hiina uusaasta tähistamise magustoidulaud ................................ 11
   3. Lihavõtted Charcuterie Juhatus .............................................. 13
   4. Valentine magustoidulaud ..................................................... 15
   5. Jõulude magustoidu vormplaat ................................................ 17
   6. Pidulik ja värviline sünnipäevapidu Charcuteri Juhatus ...................... 19
   7. JõuluküpsisExtravaganza magustoidulaud .................................. 21
   8. Jõulukommide täidislaud ....................................................... 23
   9. Puhkus Dessert Charcuterie Juhatus ......................................... 25
   10. Hanuka tähistamise magustoidulaud ........................................ 27
   11. Aastavahetuse tähistamise magustoidulaud ............................... 29
   12. Sõbrapäeva magustoidulaud .................................................. 31
   13. Lihavõtted Jänku rõõmmagustoidulaud ..................................... 33
   14. Neljanda juuli ilutulestiku magustoidulaud .................................. 35
   15. Halloweeni Kummitavad naudingudmagustoidulaud ....................... 37
   16. Tänupüha saakDessert Juhatus .............................................. 39
   17. Diwali tulede festivali magustoidulaud ...................................... 41
   18. Ramadani Iftari magustoidulaud .............................................. 43
   19. Cinco de Mayo Fiesta magustoidulaud ...................................... 45
   20. Suvise pööripäeva päikesepaiste magustoidulaud ........................ 47
   21. Oktoberfesti tähistamise magustoidulaud .................................. 49
   22. Talvise pööripäeva härmatised rõõmudmagustoidulaud .................. 51
PIIRKONDLIKUD MAGUSTOTAAVID ...................................... 53
   23. Vahtrakreem ja Õunast küpsetatud brieJuhatus ........................... 54
   24. Itaalia magustoidulaud ......................................................... 56
   25. Prantsuse magustoidulaud .................................................... 58
   26. Ameerika magustoidulaud ..................................................... 60
   27. Jaapani magustoidulaud ....................................................... 62

28. Mehhiko magustoidulaud .................................................................. 64
29. India magustoidulaud ..................................................................... 66
30. Kreeka magustoidulaud .................................................................. 68
31. Brasiilia magustoidulaud ................................................................ 70
32. Maroko magustoidulaud ................................................................ 72
33. Tai magustoidulaud ........................................................................ 74
34. Hispaania magustoidulaud ............................................................. 76
35. Vietnami magustoidulaud .............................................................. 78
36. Türgi magustoidulaud .................................................................... 80
37. Argentina magustoidulaud ............................................................ 82
38. Korea magustoidulaud ................................................................... 84
39. Austraalia magustoidulaud ........................................................... 86
40. Liibanoni magustoidulaud ............................................................. 88
41. Rootsi magustoidulaud .................................................................. 90
42. Nigeeria magustoidulaud .............................................................. 92
43. Šveitsi magustoidulaud ................................................................. 94
44. Lõuna-Aafrika magustoidulaud ..................................................... 96
45. Malaisia magustoidulaud .............................................................. 98
46. Iisraeli magustoidulaud ............................................................... 100

## HOOAJALISED MAGUSTOTAAVID .................................................. 102

47. Kevadine magustoidulaud ........................................................... 103
48. Suvine magustoidulaud ............................................................... 105
49. Sügisene magustoidulaud ........................................................... 107
50. Talvine magustoidulaud .............................................................. 109
51. Varasuvine Marja õndsusmagustoidulaud ................................. 111
52. Hilissuvine kiviviljade rõõm magustoidulaud ............................ 113
53. Hubane sügisese saagikoristuse magustoidulaud ..................... 115
54. Talv Wonderlandi magustoidulaud ............................................ 117

## TEEMALISED MAGUSTOTAAVID ..................................................... 119

55. Filmiõhtu Charcuterie Juhatus ................................................... 120
56. Popcorn FilmiõhtuCharcuterie Juhatus ..................................... 122
57. Taco Öö Charcuterie Juhatus ...................................................... 124
58. Aiapeo magustoidulaud .............................................................. 126
59. Rannapidumagustoidulaud ........................................................ 128
60. Raamatusõbra magustoidulaud ................................................. 130

61. Mänguõhtu magustoidulaud .................................................................. 132
62. Masquerade Pall magustoidulaud ......................................................... 134
63. Kosmoseuuringute magustoidulaud ..................................................... 136
64. Karnevali lõbumagustoidulaud ............................................................. 138
65. Troopiline Luau magustoidulaud .......................................................... 140
66. Ükssarviku fantaasiamagustoidulaud ................................................... 142
67. Muusikafestival Vibratsioonid magustoidulaud ..................................... 144
68. Talv Wonderlandi magustoidulaud ....................................................... 146
69. 80ndate retrohõnguline magustoidulaud .............................................. 148
70. Suvi Campfire S'mores magustoidulaud ............................................... 150
71. Detektiiv Müsteerium Dessert Juhatus ................................................. 152
72. Kevadise aia teepeo magustoidulaud ................................................... 154

## ŠOKOLAADI MAGUSTOTAAVID ............................................................ 156

73. Šokolaad Charcuterie Juhatus .............................................................. 157
74. Kommimaa"Jarcuterie" .......................................................................... 159
75. Puuviljaamet ......................................................................................... 161
76. Magustoidulaud jõhvikašokolaaditrühvlitega ....................................... 163
77. S'Mores Charcuterie Juhatus ................................................................. 165
78. Juustufondüü juhatus ........................................................................... 167
79. Nami šokolaadifondüü Charcuterie tahvel ........................................... 169
80. Dekadentlik šokolaadisõbra magustoidulaud ...................................... 171
81. Klassikaline šokolaadilemmikute magustoidulaud ............................... 173
82. Gurmeešokolaadi maitsega magustoidulaud ....................................... 175
83. Valge šokolaadi Wonderlandi magustoidulaud .................................... 177
84. Kivine tee järeleandmineDessert Juhatus ............................................. 179
85. Piparmünt Šokolaad Õndsus magustoidulaud ..................................... 181
86. Šokohooliku unistuste magustoidulaud ............................................... 183
87. Karamellšokolaadiga magustoidulaud ................................................. 185
88. S'mores Galore magustoidulaud .......................................................... 187
89. Valge šokolaadi vaarika romantika magustoidulaud ............................ 189
90. Sarapuupähkli šokolaaditaeva magustoidulaud ................................... 191
91. Šokolaad Kastetud delikatessidMagustoidulaud .................................. 193

## PUUVILJALE KESKENDATUD MAGUSTOTAAVID ................................ 195

92. Marja õndsusBonanza magustoidulaud ............................................... 196
93. Troopiliste puuviljade paradiismagustoidulaud ................................... 198

94. Citrus Burst Extravaganza magustoidulaud ................................................. 200
95. Orchard Lõikusrõõmud Dessert Juhatus ...................................................... 202
96. Meloni segu magustoidulaud ..................................................................... 204
97. Eksootiliste puuviljade seiklusmagustoidulaud ........................................... 206
98. Suvi Marja Fiesta magustoidulaud ............................................................. 208
99. Tsitrusviljade karnevali magustoidulaud ..................................................... 210
100. Mango Madnessi magustoidulaud ............................................................ 212

**KOKKUVÕTE ................................................................................. 214**

# SISSEJUHATUS

Tere tulemast "Täielik Magustatavadide Retsediraamat", mis on teie ülim juhend magustoidumängu tõstmiseks ja ülima lauakogemuse loomiseks. See kokaraamat tähistab loovust, järeleandlikkust ja rõõmu, mis kaasneb maitsvate maiustuste jagamisega visuaalselt vapustavas ja köitvas esitluses. Liituge meiega teekonnal, mis muudab traditsioonilised magustoidud silmadele ja maitsemeeltele pidusöögiks, mis toob inimesed kokku unustamatuks kulinaarseks elamuseks.

Kujutage ette määret, mis on täis hulgaliselt meeldivaid hõrgutisi, alates dekadentlikest šokolaadidest kuni erksate puuviljadeni, mis kõik on kaunilt kureeritud magustoidulauale paigutatud. " Täielik Magustatavadide Retsediraamat " ei ole ainult retseptide kogum; see on esitlemiskunsti, maitsete harmoonia ja magustoitude jagamise rõõm ühises keskkonnas. Ükskõik, kas plaanite erilist sündmust või soovite lihtsalt muuta tavalise päeva magusaks pidustuseks, need retseptid on loodud selleks, et inspireerida teid looma magustoidulaudu, mis köidavad ja rõõmustavad.

Alates šokolaadifondüüplaatidest kuni puuvilja- ja juustumagustoidumäärdeni ning küpsisevaagnatest kuni elegantsete küpsetisteni – iga retsept tähistab magustoidulauade pakutavat mitmekesisust ja dekadentsi. Olenemata sellest, kas olete kogenud kondiiter või entusiastlik kodupagar, see kokaraamat on teie peamine materjal visuaalselt vapustavate ja vastupandamatult maitsvate magustoidulaudade loomiseks.

Liituge meiega, kui asume teekonnale läbi magustoidulaudade maailma, kus iga looming annab tunnistust kunstilisusest ja rõõmust, mis kaasneb magustoidu muutmisega ühiseks kogemuseks. Niisiis, koguge kokku oma lemmikmaitsused, võtke omaks loovus ja täiustame teie magustoidumängu " Täielik Magustatavadide Retsediraamat ".

# PIDULISED E DESSERTLAADID

# 1. Püha Patricku päeva Õnnelik Charmsi magustoidulaud

**KOOSTISOSAD:**
- Shamrocki suhkruküpsised
- Vikerkaare koogikesi
- Kuldšokolaadimüntide pott
- Piparmünt Šokolaadi Brownie Bites
- Õnnelik Charms vahukommi maiuspalad
- Iiri kreemjas šokolaadi trühvlid
- Rohelised õunaviilud karamellikastmega

**JUHISED:**
a) Korraldage sharock-suhkruküpsised ja vikerkaarekoogid.
b) Asetage pott kuldšokolaadimünte ja piparmündišokolaadiküpsiseid.
c) Scatter Õnnelik Charmsi vahukommi maiused ja Iiri kreemšokolaadi trühvlid.
d) Kaasa rohelised õunaviilud karamellikastmega.

## 2.Hiina uusaasta tähistamise magustoidulaud

**KOOSTISOSAD:**
- Punase oa seesamipallid
- Ananassitordid
- Mandli küpsised
- Pikaealisuse nuudlid (Lagritsakommid)
- Mandariini apelsini tarretistopsid
- Õnneküpsised
- Matcha taskupulgad

**JUHISED:**
a) Laota punaste ubade seesamipallid ja ananassitordid.
b) Asetage mandliküpsised ja pikaealisuse nuudlid.
c) Lisa mandariiniapelsini tarretisetopsid ja õnneküpsised.
d) Kaasa matcha Pocky pulgad rohelise puudutuse saamiseks.

# 3.Lihavõtted Charcuterie Juhatus

**KOOSTISOSAD:**
- Kõvaks keedetud munad, värvitud pastelsetes toonides
- Erinevad lihavõttekommid (nt tarretised, peeps või šokolaadimunad)
- Lihavõtteteemalise kujundusega kaunistatud minikoogid või küpsised
- Porgandipulgad või beebiporgandid
- Lihavõttepühadeks lõigatud juustud (nt jänesed või munad)
- Erinevad kreekerid või saiapulgad
- Kaunistuseks värsked kevadised ürdid või söödavad lilled

**JUHISED:**
a) Laota värvitud kõvaks keedetud munad suurele serveerimislauale või vaagnale.
b) Asetage munade kõrvale lihavõttekommid.
c) Lisage tahvlile lihavõtteteemalise kujundusega kaunistatud minikoogikesi või küpsiseid, et anda magus ja pidulik hõng.
d) Asetage lauale porgandipulgad või porgandipojad porgandi kujul.
e) Lisage lihavõttepühadeks lõigatud juustud, nagu jänesed või munad, et lisada kapriisi.
f) Pakkuge külalistele juustude ja muude maiuspalade kõrvale erinevaid kreekereid või saiapulki.
g) Värskuse ja visuaalse välimuse lisamiseks kaunistage värskete kevadiste ürtide või söödavate lilledega.
h) Serveeri ja naudi!

## 4.Valentine magustoidulaud

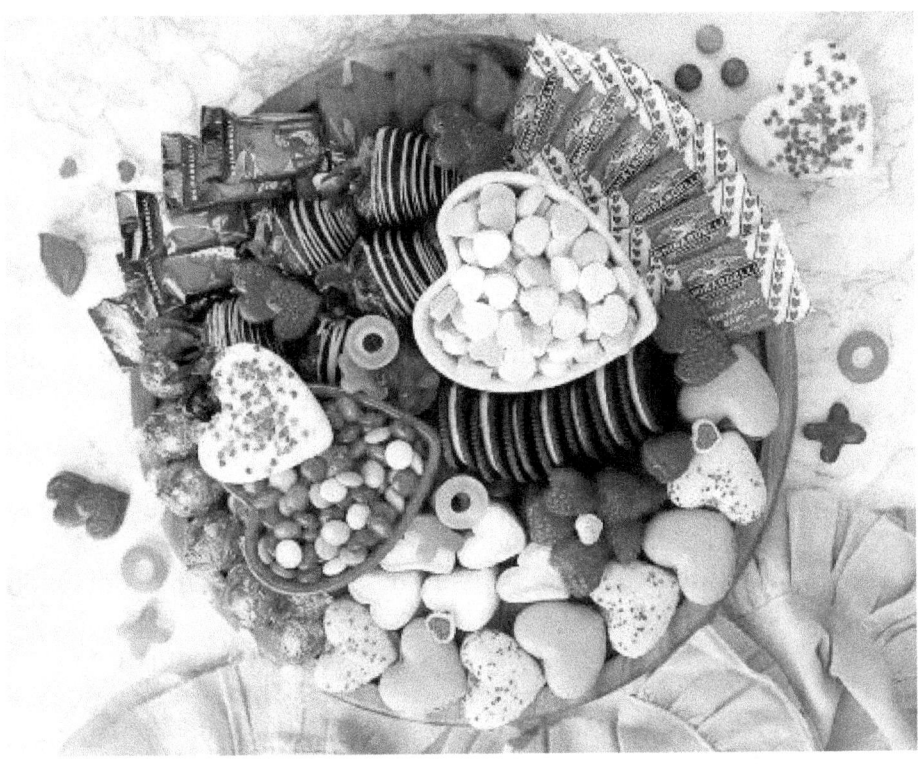

**KOOSTISOSAD:**
- Südamekujulised küpsised või brownied
- Šokolaadiga kaetud maasikad
- Punased sametised koogikesi või kooki
- Erinevad šokolaadid või trühvlid
- Maasika- või vaarikajogurt või dipikaste
- Värsked maasikad või vaarikad
- Roosad või punased kommisüdamed või suudlused
- Kaunistuseks puistad või söödavad litrid

**JUHISED:**
a) Laota südamekujulised küpsised või küpsetised suurele serveerimislauale või vaagnale.
b) Aseta küpsiste või pruunide kõrvale šokolaadiga kaetud maasikad.
c) Lisage tahvlile punaseid sametist koogikesi või koogikesi, et saada pidulik ja meeldiv maiuspala.
d) Vahelduse ja rikkalikkuse huvides lisage erinevaid šokolaade või trühvleid.
e) Andke kastmiseks maasika- või vaarikajogurtit või kastke väikestesse roogadesse.
f) Värskuse ja terava maitse saavutamiseks puistake laiali värsked maasikad või vaarikad.
g) Romantiliseks puudutuseks lisage roosasid või punaseid kommisüdameid või suudlusi.
h) Kaunistamiseks puista lauale puistata või söödavat sära.
i) Serveeri ja naudi!

## 5.Jõulude magustoidu vormplaat

## KOOSTISOSAD:
- Erinevad jõuluküpsised (nt suhkruküpsised, piparkoogid või murekoogid)
- Mini koogikesed või brownie näksid
- Piparmündikoor või šokolaadiga kaetud piparmündipulgad
- Muna- või valge šokolaadivaht
- Värsked jõhvikad või granaatõunaseemned
- Kommid või piparmündikommid
- Erinevad pähklid või teesegu puhkusemaitsetega (nt kaneel või muskaatpähkel)
- Kaunistuseks värske piparmündi või rosmariini oksad

## JUHISED:
a) Asetage erinevad jõuluküpsised suurele serveerimislauale või vaagnale.
b) Asetage küpsiste kõrvale minikoogikesi või küpsiseid.
c) Pidulikuks ja piparmündiseks maiustuseks lisa tahvlile piparmündikoort või šokolaadiga kaetud piparmündipulki.
d) Kandke muna- või valge šokolaadivahtu väikestes roogades kreemja ja meeldiva elemendi saamiseks.
e) Värvipuhangu ja terava maitse saamiseks puistake laiali värsked jõhvikad või granaatõunaseemned.
f) Klassikalise jõuluhõngu saamiseks lisage kommid või piparmündikommid.
g) Lisa krõmpsu ja soojuse saamiseks lauale erinevaid pähkleid või pühademaitsetega, nagu kaneel või muskaatpähkel, segu.
h) Värskuse ja välimuse lisamiseks kaunistage värske piparmündi või rosmariini okstega.
i) Serveeri ja naudi!

# 6. Pidulik ja värviline sünnipäevapidu Charcuteri

## Juhatus

**KOOSTISOSAD:**
- Erinevad värvilised kommid (nt kummikarud, M&M-id või tarretised)
- Mini koogikesi või koogikesi
- Erinevad küpsised või makaronid
- Šokolaadiga kaetud kringel või popkorn
- Puuviljavardad või puuviljakabobid
- Erinevad dipikastmed (nt šokolaadikaste või toorjuustukikendus)
- Kaunistuseks vikerkaarepuistad või söödavad litrid

**JUHISED:**
a) Asetage erinevad värvilised kommid eraldi kaussidesse suurele serveerimislauale või vaagnale.
b) Asetage kommide kõrvale minikoogikesi või koogikesi.
c) Lisage tahvlile erinevaid küpsiseid või makarone, et pakkuda mitmekesisust ja magusust.
d) Lisage soolase ja magusa kombinatsiooni saamiseks šokolaadiga kaetud kringlit või popkorni.
e) Varraste varraste jaoks värskeid puuvilju või looge puuviljakabobe.
f) Pakkuge külalistele puuviljade ja muude hõrgutistega nautimiseks erinevaid dipikasteid, nagu šokolaadikaste või toorjuustukaste.
g) Pihustage piduliku ja värvilise puudutuse saamiseks lauale vikerkaarepritsmeid või söödavat sära.
h) Serveeri ja naudi!

# 7.JõuluküpsisExtravaganza magustoidulaud

**KOOSTISOSAD:**
- Suhkruküpsised (tähtede, puude ja kellakujulised)
- Piparkoogid
- Piparmündi šokolaadikoor
- Linzeri küpsised
- Šokolaadiga kastetud kringlipulgad
- Eggnog Fudge
- Kommikepid

**JUHISED:**
a) Korraldage sortiment jõulukujulisi suhkruküpsiseid.
b) Aseta peale piparkoogid ja piparmündišokolaadikoor.
c) Puista laiali linzerküpsised ja šokolaadiga kastetud kringlipulgad.
d) Lisa hammustusesuurused munakoogitäpse ruudud.
e) Kaunista kommikeppidega piduliku hõngu saamiseks.

# 8. Jõulukommide täidislaud

**KOOSTISOSAD:**
- Piimašokolaadimaitselised segamislusikad
- Jõuluvana puhkusepeo sõbrad
- Piparmünty Bells
- Põhjapõtrade suupistete segu
- Erinevad küpsised ja graham kreekerid jne.
- Piparmündivõikreemi glasuur, Nutella jne.
- Puidust lõikelaud

**JUHISED:**
a) Väikestesse roogadesse saate panna kommid.
b) Lisa lusikate keskele veidi šokolaadiglasuuri ja tõsta peale mini vahukommid. Nii armas!

# 9.Puhkus Dessert Charcuterie Juhatus

**KOOSTISOSAD:**
- puhkuse M&M-id
- purukook
- mandli küpsised
- lumepalliküpsised
- šokolaadid
- kommikepid
- šokolaadiga kaetud kirssist südamikud
- piparmündi koor
- küpsised jõulupuud (või tavalised küpsised; lisage pühadevärvi lisamiseks punast või rohelist glasuuri)
- karamellmaisi
- radade segu
- porised semud
- šokolaadi- või jogurtiga kaetud kringlid
- šokolaadiga kastetud kringlipulgad
- karamelli ruudud
- vahukommid

**JUHISED:**
a) Otsige üles suurim serveerimislaud või puidust lõikelaud, mis teil olemas on, ja seadke sisse määratud magustoidujaam.
b) Asetage kimpudesse magusate maiuste rühmad. Lahtiste kommide jaoks võite kasutada lühemaid tarretisepurke ja kausse (enamasti selleks, et need ära ei veereks).
c) Enne vorstitahvli peale panemist pakkige kindlasti lahti kõik oma kommid, näiteks kommid, šokolaadid ja karamelliruudud.

# 10. Hanuka tähistamise magustoidulaud

**KOOSTISOSAD:**
- Rugelach (täidis šokolaadi, pähklite ja puuviljadega)
- Sufganiyot (tarretisega täidetud sõõrikud)
- Sinised ja valged M&M-id ehk šokolaadidražeed
- Hanukkah suhkruküpsised
- Menora kujulised šokolaadiga kaetud kringlid
- Šokolaadi geel
- Meekoogi viilud

**JUHISED:**
a) Asetage lauale rugelach ja sufganiyot.
b) Lisa sinimustvalgeid M&M-i või šokolaadidražeed.
c) Asetage Hanukkah suhkruküpsised ja menorah-kujulised šokolaadiga kaetud kringlid.
d) Puista laua ümber šokolaadigeeli.
e) Traditsiooniliseks maitseks lisage meekoogi viilud.

## 11. Aastavahetuse tähistamise magustoidulaud

**KOOSTISOSAD:**
- Šampanjatrühvlid
- Vahuvein kummikarud
- Šokolaadiga kaetud maasikad
- Mini juustukoogi suupisted
- Kullatolmuga makaronid
- Pidulikud tassikoogid
- Tume šokolaadi fondüü dippablesidega

**JUHISED:**
a) Korraldage šampanjatrühvlid ja vahuveiniga kummikarud.
b) Aseta šokolaadiga kaetud maasikad ja minijuustukoogid.
c) Puista laiali kullatolmuga makarone ja pidulikke koogikesi.
d) Seadke üles tumeda šokolaadi fondüü erinevate kastmetega.

## 12. Sõbrapäeva magustoidulaud

**KOOSTISOSAD:**
- Südamekujulised punased sametised Whoopie pirukad
- Šokolaadiga kaetud maasikad
- Vaarika ja valge šokolaadi blondid
- Maasikavarraste vardad
- Vestluse südamesuhkru küpsised
- Punased samettrühvlid
- Granaatõuna seemned

**JUHISED:**
a) Korraldage südamekujulised punased sametised pirukad ja šokolaadiga kaetud maasikad.
b) Aseta vaarika ja valge šokolaadi blondid ja maasikavarrased.
c) Puista vestlus südame suhkruküpsised ja punased samettrühvlid.
d) Värvipuhangu saamiseks puista peale granaatõunaseemneid.

## 13.Lihavõtted Jänku rõõmmagustoidulaud

**KOOSTISOSAD:**
- Porgandikoogi koogikesi toorjuustukreemiga
- Jänkukujulised suhkruküpsised
- Mini šokolaadimunad ja fooliumisse pakitud šokolaadijänkud
- Sidruni mustikatordid
- Mini Cadbury munadega täidetud kookosemakaronipesad
- Valge šokolaadiga kaetud kringlipulgad

**JUHISED:**
a) Korralda porgandikoogi koogikesi toorjuustukreemiga.
b) Aseta jänkukujulised suhkruküpsised ja minišokolaadimunad.
c) Puista peale sidrunimustikatordid ja kookosemakroonide pesad.
d) Lisa valge šokolaadiga kaetud kringlivardad.

## 14. Neljanda juuli ilutulestiku magustoidulaud

**KOOSTISOSAD:**
- Liputeemalised puuviljakabobid (maasikad, mustikad ja vahukommid)
- Punase, valge ja mustika juustukoogid
- Isamaalised suhkruküpsised
- Mustika- ja vaarika-puuviljade popsiklid
- Ilutulestiku popkorni segu (popkorn punase, valge ja sinise šokolaadiga)
- Marja limonaadi sorbett

**JUHISED:**
a) Korraldage liputeemalised puuviljakabobid.
b) Asetage punase, valge ja mustika juustukoogid.
c) Puista laiali isamaalised suhkruküpsised ja puuviljakommid.
d) Lisa kauss ilutulestiku popkorniseguga ja portsjonid marjalimonaadi sorbetti.

## 15. Halloweeni Kummitavad naudingudmagustoidulaud

**KOOSTISOSAD:**
- Nõiamütsi koogikesi
- Mummy Brownie hammustab
- Kommid maisisuhkru küpsised
- Pumpkin Spice Cake Pops
- Ghost Marshmallow Pops
- Karamelli õunaviilud
- Erinevad Halloweeni kommid

**JUHISED:**
a) Korraldage nõiakübara koogikesi ja mummukübaraid.
b) Asetage kommid maisisuhkru küpsised ja kõrvitsa vürtsikoogid.
c) Puista laiali kummitusvahukommipopid ja karamellised õunaviilud.
d) Lisage valik Halloweeni komme, et saada õudne puudutus.

# 16.Tänupüha saakDessert Juhatus

**KOOSTISOSAD:**
- Minikõrvitsapirukad
- Pekanipähklipirukabatoonid
- Õunasiidri sõõrikuaugud
- Vahtraglasuuritud õunablondid
- Harvest Trail Mix (pähklid, kuivatatud puuviljad ja šokolaad)
- Karamell-õunapulgakommid
- Pumpkin Spice Latte Mousse tassid

**JUHISED:**
a) Korraldage minikõrvitsapirukad ja pekanipähklipirukabatoonid.
b) Asetage õunasiidri sõõrikuaugud ja vahtraglasuuriga õunablondid.
c) Puista laiali koristusraja segu ja karamellised õunapulgakommid.
d) Lisa kõrvitsa spice latte mousse topsid piduliku hõngu saamiseks.

## 17.Diwali tulede festivali magustoidulaud

**KOOSTISOSAD:**
- Gulab Jamun
- Jalebi
- Kaju Katli (Cashew Fudge)
- Kookospähkel Ladoo
- Besan Ladoo
- Gajar Halwa (Porgand Halwa)
- Pistaatsia ja mandli Barfi

**JUHISED:**
a) Asetage lauale gulab jamun, jalebi ja ladood.
b) Aseta kaju katli ja pistaatsia-mandli barfi tükid.
c) Lisage gajar halwa portsjonid piduliku hõngu saamiseks.

## 18. Ramadani Iftari magustoidulaud

**KOOSTISOSAD:**
- Qatayef (täidisega araabia pannkoogid)
- basbousa (revani)
- Pähklitega täidetud datlid
- Baklava sortiment
- Atayef Asafiri (koorega täidetud pannkoogid)
- Kunafa rullid
- Riisipuding roosiveega

**JUHISED:**
a) Asetage tahvlile qatayef, basbousa ja atayef asafiri.
b) Asetage pähklitega täidetud datlid ja valik baklavat.
c) Lisa kunafa rullid ja portsjonid roosiveega riisipudingut.

# 19. Cinco de Mayo Fiesta magustoidulaud

**KOOSTISOSAD:**
- Churro Bites
- Tres Lechesi koogiruudud
- Margarita koogikesi
- Dulce de Leche'i täis konchad
- Mangoviilud tšilli-laimi maitseainega
- Mehhiko šokolaaditrühvlid
- Piñata suhkruküpsised

**JUHISED:**
a) Korraldage churro hammustused ja tres leches koogiruudud.
b) Asetage margarita koogikesi ja dulce de leche-täidisega koogikesi.
c) Puista peale mangoviilud tšilli-laimimaitseainega.
d) Kaasake Mehhiko šokolaaditrühvlid ja piñata suhkruküpsised.

## 20. Suvise pööripäeva päikesepaiste magustoidulaud

**KOOSTISOSAD:**
- Sidrunibatoonid
- Oranž Creamsicle Popsicles
- Ananassi kookose riisipudingu tassid
- Marja Medley tartletid
- Päevalillesuhkru küpsised
- Mango sorbett
- Kiivi viilud

**JUHISED:**
a) Korraldage sidrunibatoonid ja apelsinikreemid.
b) Asetage ananassi-kookose-riisipudingi tassid ja marjasegu tartletid.
c) Puista peale päevalillesuhkruküpsised.
d) Kaasa lusikatäis mangosorbetti ja kiiviviile.

## 21.Oktoberfesti tähistamise magustoidulaud

**KOOSTISOSAD:**
- Black Forest Cupcakes
- Apple Strudel Bites
- Pretzel Caramel Brownie Bites
- Saksa šokolaaditrühvlid
- Martsipaniga täidetud Stolleni viilud
- Ploom Kucheni baarid
- Mee-mandli Lebkucheni küpsised

**JUHISED:**
a) Korralda musta metsa koogikesed ja õunastruudli näksid.
b) Asetage kringli-karamelli brownie hammustused ja Saksa šokolaaditrühvlid.
c) Puista martsipaniga täidetud stollen viilud ja ploomikucheni batoonid laiali.
d) Magusa maitse saamiseks lisage mee-mandli lebkucheni küpsised.

## 22. Talvise pööripäeva härmatised rõõmudmagustoidulaud

**KOOSTISOSAD:**
- Piparmündi koor
- Lumehelveste suhkruküpsised
- Kuumad šokolaadikoogid
- Talv Wonderland Cake Pops
- Valge šokolaadiga kastetud kringlipulgad
- Sädelev jõhvikasorbett
- Eggnog Cheesecake Bites

**JUHISED:**
a) Asetage piparmündikoorest ja lumehelvestest suhkruküpsised.
b) Asetage kuuma šokolaadi koogikesi ja talveimedemaa koogikesi.
c) Laota valge šokolaadiga kastetud kringlipulgad laiali.
d) Kaasake lusikatäis vahustavat jõhvikasorbetti ja munanuki-juustukooki.

# PIIRKONDLIKUD MAGUSTOTAAVID

## 23. Vahtrakreem ja Õunast küpsetatud brieJuhatus

**KOOSTISOSAD:**
- Brie juusturatas
- Vahtrakreem või vahtrasiirup
- Viilutatud õunad
- Erinevad kreekerid või leib
- Pähklid (nt pekanipähklid või kreeka pähklid)
- Kaunistuseks värsked rosmariinioksad

**JUHISED:**
a) Kuumuta ahi temperatuurini 350 °F (175 °C).
b) Aseta Brie juusturatas küpsetuspaberiga kaetud ahjuplaadile.
c) Nirista Brie juustu peale vahtrakreemi või vahtrasiirupit.
d) Küpseta eelkuumutatud ahjus umbes 10-12 minutit või kuni juust on pehme ja kleepuv.
e) Võta ahjust välja ja lase veidi jahtuda.
f) Laota viilutatud õunad küpsetatud Brie ümber serveerimislauale või vaagnale.
g) Lisage erinevaid kreekereid või leiba, et külalised saaksid juustu ja õuntega nautida.
h) Krõmpsu ja maitse lisamiseks puista pähkleid lauale laiali.
i) Värskuse ja välimuse lisamiseks kaunistage värskete rosmariiniokstega.
j) Serveeri ja naudi!

## 24.Itaalia magustoidulaud

**KOOSTISOSAD:**
- Cannoli kestad
- Tiramisu tassid
- Panna cotta marjakompotiga
- Amaretti küpsised
- Šokolaadiga kaetud espressooad
- Värsked marjad

**JUHISED:**
a) Aseta lauale cannolikoored ja tiramisutopsid.
b) Aseta panna cotta üksikute portsjonitena ja tõsta peale marjakompott.
c) Puista laiali amaretti küpsised ja šokolaadiga kaetud espressooad.
d) Kaunista värskete marjadega.

## 25.Prantsuse magustoidulaud

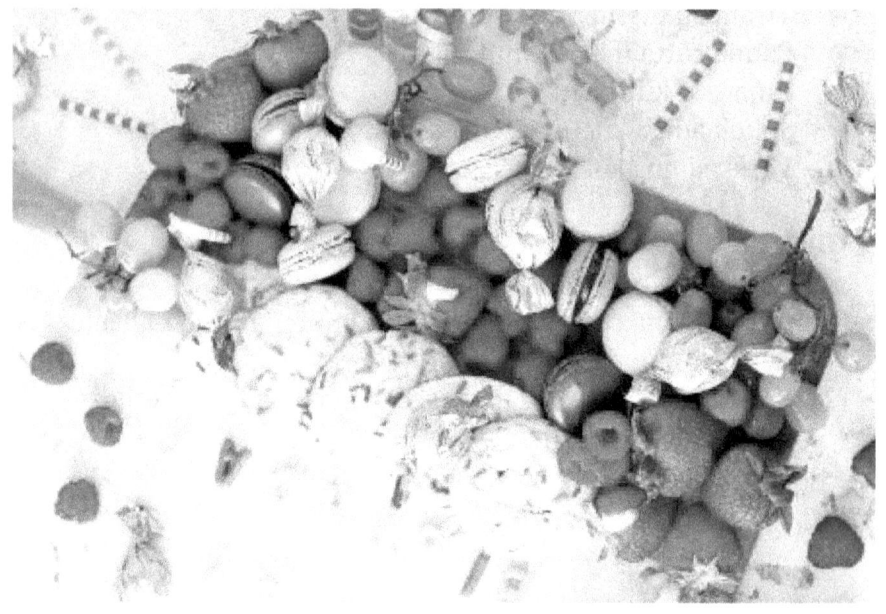

**KOOSTISOSAD:**
- Éclairs
- Makaronid (erinevad maitsed)
- Crème brûlée
- Madeleines
- Puuviljatordid
- Šokolaaditrühvlid

**JUHISED:**
a) Asetage tahvlile ekleerid ja makaronid.
b) Asetage brüleekreemi üksikud portsjonid.
c) Puista madeleine'id, puuviljatordid ja šokolaaditrühvlid laiali.
d) Dekoratiivse puudutuse saamiseks lisage söödavaid lilli.

## 26.Ameerika magustoidulaud

**KOOSTISOSAD:**
- Õunakoogi viilud
- Juustukoogi ruudud
- Pekanipähklipirukabatoonid
- Brownie hammustab
- Erinevad kommid
- Karamelli popkorn

**JUHISED:**
a) Laota õunakoogiviilud ja juustukoogi ruudud.
b) Asetage pekanipähklipirukabatoonid ja brownie-hammustused lauale.
c) Puista laiali erinevad kommid ja karamelline popkorn.
d) Nirista magustoitudele karamellikaste.

## 27.Jaapani magustoidulaud

**KOOSTISOSAD:**
- Mochi jäätis (erinevad maitsed)
- Matcha juustukoogi hammustused
- Taiyaki (kalakujulised küpsetised magusate täidistega)
- Yokan (magus punaste ubade želee)
- Dorayaki (magusad pannkoogid punaste ubade täidisega)
- Värske litši

**JUHISED:**
a) Korraldage mochi jäätis ja matcha juustukoogid.
b) Asetage taiyaki ja yokan lauale.
c) Puista peale dorayaki ja värske litši.
d) Kaunista piparmündilehtedega, et saada värviline efekt.

## 28.Mehhiko magustoidulaud

**KOOSTISOSAD:**
- Churros šokolaadikastmega
- Tres leches kooki ruudud
- Mehhiko pulmaküpsised
- Mango tšillipulbriga
- Dulce de leche flan
- Kaneelisuhkruga tolmutatud sopapillid

**JUHISED:**
a) Laota churros koos šokolaadikastmega.
b) Asetage tres leches koogi ruudud lauale.
c) Puista laiali Mehhiko pulmaküpsised ja mangoviilud.
d) Lisa dulce de leche flan ja kaneelisuhkruga tolmutatud sopapillid.

## 29.India magustoidulaud

**KOOSTISOSAD:**
- Gulab jamun
- Rasgulla
- Jalebi
- Kheer tassid
- Kookose ladoo
- Pistaatsia ja mandli burfi

**JUHISED:**
a) Aseta lauale gulab jamun ja rasgulla.
b) Asetage jalebi visuaalselt atraktiivse mustriga.
c) Lisage üksikud portsjonid kheer-topse.
d) Puista peale kookose ladoo ja pistaatsia-mandli burfi.

## 30.Kreeka magustoidulaud

**KOOSTISOSAD:**
- Baklava hammustab
- Loukoumades (Kreeka sõõrikud)
- Jogurt mee ja kreeka pähklitega
- Galaktoboureko (vanillikreemiga täidetud filotaignas)
- Viigimarja- ja meeküpsetised
- Aprikoosid ja fetajuust

**JUHISED:**
a) Asetage tahvlile baklava hammustused ja loukoumade.
b) Asetage jogurt mee ja kreeka pähklitega väikestesse kaussidesse.
c) Lisa galaktoboureko viilud ning viigimarja- ja meeküpsetised.
d) Puista peale värsked aprikoosid ja fetajuustu tükid.

## 31.Brasiilia magustoidulaud

**KOOSTISOSAD:**
- Brigadeiros (šokolaaditrühvlid)
- Beijinhos (kookose trühvlid)
- Quindim (kookose ja munakollase vanillikaste)
- Cocada (kookose ja kondenspiima magustoit)
- Pão de mel (meeleib)
- Passionivilja vahutopsid

**JUHISED:**
a) Asetage tahvlile brigadeiros ja beijinhos.
b) Asetage quindim ja cocada väikeste portsjonitena.
c) Lisage pão de mel viilud.
d) Aja passioniviljavahutopsid laiali.

## 32.Maroko magustoidulaud

**KOOSTISOSAD:**
- Baklava sigarid
- Ma'amouli küpsised (datli- ja pähklitäidisega)
- Roosiveelõhnaline nugat
- Mündi teega immutatud puuviljasalat
- Seesami ja mee küpsised
- Mandli ja apelsiniõie küpsetised

**JUHISED:**
a) Aseta tahvlile baklava sigarid ja ma'amouli küpsised.
b) Lisa väikeste tükkidena roosiveelõhnaline nugat.
c) Valmistage värskendav piparmünditeega puuviljasalat.
d) Kaasa seesami- ja meeküpsised ning mandli-apelsiniõie küpsetised.

## 33.Tai magustoidulaud

**KOOSTISOSAD:**
- Mango kleepuv riis
- Kookospiim ja pandanitarretis
- Tai kookospallid (kanom tom)
- Taro- ja kookosekreemitopsid
- Tai jäätee panna cotta
- Praetud banaanifilee

**JUHISED:**
a) Segage mango-kleepuv riis ja kookospiim ning pandanitarretis.
b) Kaasa Tai kookospallid ja taro-kookosekreemitopsid.
c) Valmistage Tai jäätee panna cottat individuaalsed portsjonid.
d) Laota praetud banaanifilee lauale.

## 34. Hispaania magustoidulaud

**KOOSTISOSAD:**
- Churro suupisted karamellise dipikastmega
- Hispaania flan
- Turrón (mandlinougat)
- Crema Catalana
- Polvorones (mandli purukook)
- Apelsini- ja mandlikordi viilud

**JUHISED:**
a) Korralda churro suupisted karamelli dipikastmega.
b) Asetage lauale hispaania flan ja turróni viilud.
c) Lisa Crema Catalana üksikute portsjonitena.
d) Kaasake polvoroonid ja apelsini-mandlikoogi viilud.

## 35.Vietnami magustoidulaud

**KOOSTISOSAD:**
- Vietnami kookose ja pandani tarretis
- Che Ba Mau (kolmevärviline magustoit)
- Banh Cam (seesamiseemnepallid)
- Xoi La Cam (mungoa kleepuv riis)
- Vietnami kohvimaitseline flan
- Jackfruit ja litši kevadrullid

**JUHISED:**
a) Aseta lauale Vietnami kookose- ja pandanitarretis.
b) Kaasa portsjonid Che Ba Mau ja Banh Cam.
c) Lisage Xoi La Cam väikeste portsjonitena.
d) Looge individuaalseid portsjoneid Vietnami kohvimaitselisest flanist.
e) Puista kikkapuu ja litši kevadrullid laiali.

## 36. Türgi magustoidulaud

**KOOSTISOSAD:**
- Türgi rõõm (erinevad maitsed)
- Kunefe (hakitud filo magusa juustu täidisega)
- Revani (mannakook)
- Sütlaç (riisipuding)
- Baklava väljakud
- Pistaatsia küpsised

**JUHISED:**
a) Korraldage Türgi hõrgutisi erinevates maitsetes.
b) Asetage kunefe ja revani lauale.
c) Lisage üksikud sütlaçi portsjonid.
d) Puista baklava ruudud ja pistaatsiaküpsised laiali.

## 37.Argentina magustoidulaud

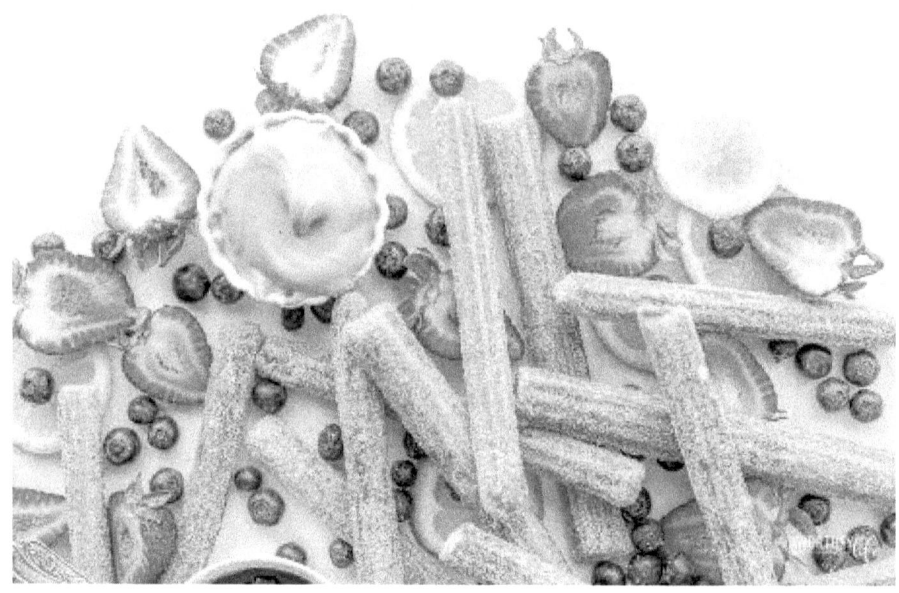

**KOOSTISOSAD:**
- Alfajores (dulce de leche-täidisega küpsised)
- Tres Lechesi koogiviilud
- Chocotorta (šokolaadi- ja küpsisetort)
- Dulce de leche-täidisega churros
- Küdooniapasta juustuga
- Argentina sidruniküpsised (alfajor de limón)

**JUHISED:**
a) Aseta alfajore ja tres leches koogi viilud.
b) Aseta lauale chocotorta viilud.
c) Lisa dulce de leche-täidisega churros.
d) Kaasake küdooniapasta juustu ja Argentina sidruniküpsistega.

## 38.Korea magustoidulaud

**KOOSTISOSAD:**
- Bingsu (raseeritud jää magustoit)
- Hotteok (magusad pannkoogid pruuni suhkru täidisega)
- Injeolmi (oajahuga kaetud riisikook)
- Yakgwa (meeküpsised)
- Patbingsu (punase oa raseeritud jää)
- Korea riisikoogivardad

**JUHISED:**
a) Aseta lauale bingsu ja hotteok.
b) Asetage injeolmi ja yakgwa väikeste portsjonitena.
c) Lisa portsjonid patbingsut.
d) Vahelduseks lisage Korea riisikoogivardad.

# 39.Austraalia magustoidulaud

**KOOSTISOSAD:**
- Lamingtonid (kookospähkliga kaetud käsnkook)
- Pavlova pesad värskete puuviljadega
- Anzaci küpsised (kaera- ja kookoseküpsised)
- Tim Tam šokolaadiküpsised
- Wattleseed ja makadaamiapähkli fudge
- Passionfruit tartletid

**JUHISED:**
a) Paigutage lauale lamingtonid ja pavlova pesad.
b) Puista Anzaci küpsised ja Tim Tam šokolaadiküpsised.
c) Lisa tükid wattleseed ja makadaamiapähkli fudge.
d) Värskendava puudutuse saamiseks lisage passionivilja tartletid.

## 40.Liibanoni magustoidulaud

**KOOSTISOSAD:**
- Ashta-täidisega warbat (filo tainas)
- Ma'amoul (datli ja pähklitega küpsised)
- Riisipuding apelsiniõieveega
- Liibanoni seesamikommid (nugat seesamiseemnetega)
- Atayef (täidisega pannkoogid)
- Mafroukeh (manna ja pähklite magustoit)

**JUHISED:**
a) Asetage ashtaga täidetud warbat ja ma'amoul lauale.
b) Serveeri riisipuding väikestes tassides apelsiniõieveega.
c) Puista laiali Liibanoni seesamikommid ja atayef.
d) Kaasa vahelduseks mafroukehi tükid.

## 41.Rootsi magustoidulaud

**KOOSTISOSAD:**
- Rootsi kaneelisaiad (kanelbullar)
- Printsessi koogi viilud (prinsesstårta)
- Pohla tartletid
- Martsipaniga täidetud šokolaadid
- Rukki-näkileib või ja juustuga
- Mustikasupp (blåbärssoppa)

**JUHISED:**
a) Laota Rootsi kaneelisaiad ja printsessikoogi viilud.
b) Lisa pohlatartletid ja martsipanitäidisega šokolaadid.
c) Serveeri rukki-näkileiba või ja juustuga kõrvale.
d) Kaasake väikesed tassikesed mustikasuppi.

## 42. Nigeeria magustoidulaud

**KOOSTISOSAD:**
- Chin-Chin (praetud taigna hammustused)
- Puff Puff (friteeritud taignapallid)
- Nigeeria kookoskommid
- Boli (grillitud jahubanaanid)
- Moi Moi (aurutatud oapuding)
- Akara (praetud oakoogid)

**JUHISED:**
a) Korraldage lauale lõug-lõug ja pahvakas.
b) Lisa Nigeeria kookoskommi tükid.
c) Serveeri boli ja moi moi väikeste portsjonitena.
d) Kaasake akara soolase elemendina.

## 43.Šveitsi magustoidulaud

**KOOSTISOSAD:**
- Šveitsi šokolaadifondüü kastmistega (puuviljad, vahukommid, kringlid)
- Nusstorte (pähklitäidisega tort)
- Basler Läckerli (vürtsidega meeküpsised)
- Šveitsi beseeküpsised
- Bircheri müslitopsid
- Zürcher Eintopf (Zürichi stiilis kuum šokolaad)

**JUHISED:**
a) Paigaldage šokolaadifondüüpott erinevate kastmetega.
b) Asetage nusstorte ja Basler Läckerli viilud.
c) Lisa Šveitsi beseeküpsised ja üksikud portsjonid kasemüslit.
d) Rüüpamiseks kaasa väikesed tassid Zürcher Eintopfi.

## 44. Lõuna-Aafrika magustoidulaud

**KOOSTISOSAD:**
- Malva puding
- Koeksisters (praetud taignasaiad)
- Melktert (piimatort)
- Amarula šokolaadivaht
- Rooibose infundeeritud pošeeritud pirnid
- Hertzoggie küpsised

**JUHISED:**
a) Aseta lauale malvapuding ja koeksisterid.
b) Asetage melkterti viilud ja üksikud portsjonid Amarula šokolaadivahtu.
c) Unikaalse puudutuse saamiseks lisage rooibosega pošeeritud pirnid.
d) Kookose- ja moosimaitse saamiseks lisage Hertzoggie küpsiseid.

## 45. Malaisia magustoidulaud

**KOOSTISOSAD:**
- Kuih Lapis (kihiline aurukook)
- Ondeh-Ondeh (kleepunud riisipallid palmisuhkruga)
- Pulut Tai Tai (sinine liimjas riisikook)
- Cendol (raseeritud jää palmisuhkru ja kookospiimaga)
- Kaya röstsai pooleldi keedetud munadega
- Durian Mochi

**JUHISED:**
a) Asetage tahvlile kuih lapis ja ondeh-ondeh.
b) Asetage pulut tai tai viilud ja serveerige cendol väikestesse kaussidesse.
c) Maitsva elemendi saamiseks lisa kajaröstsai poolkeedetud munadega.
d) Kaasake durian mochi ainulaadse Malaisia puuviljamaitse saamiseks.

## 46.Iisraeli magustoidulaud

**KOOSTISOSAD:**
- Rugelach (rulltainas täidisega)
- Halva viilud (seesamipõhised magusad)
- Sufganiyot (tarretisega täidetud sõõrikud)
- Malabi (roosiveepuding)
- Šokolaadi Babka viilud
- Iisraeli puuviljasalat

**JUHISED:**
a) Laota lauale rugelach- ja halvaaviilud.
b) Asetage sufganiyot ja malabi väikeste portsjonitena.
c) Rikkaliku šokolaadimaitse saamiseks lisage šokolaadi babka viilud.
d) Serveerige Iisraeli puuviljasalatit värskendava puudutuse saamiseks.

# HOOAJALISED MAGUSTOTAAVID

## 47. Kevadine magustoidulaud

**KOOSTISOSAD:**
- Strawmarja Shortcake suupisted
- Sidruni mustika tartletid
- Pistaatsia- ja meejogurti parfeed
- Söödavad lille kroonlehtede koogid
- Mini Pavlova pesad värskete marjadega
- Rabarberi sorbett

**JUHISED:**
a) Korraldage maasika-muretkoogid ja sidrunimustika tartletid.
b) Asetage pistaatsia- ja meejogurti parfeed väikestesse klaasidesse.
c) Kaunista minipavlova pesadega, mis on kaetud värskete marjadega.
d) Lisa koogikesi, mis on kaunistatud söödavate lillelehtedega.
e) Serveeri rabarberi sorbetti üksikutes kaussides.

## 48.Suvine magustoidulaud

**KOOSTISOSAD:**
- Arbuusi- ja fetavardad
- Mango-kookose riisipudingu tassid
- Grillitud ananass mee-laimiga
- Segamarja-juustukoogi suupisted
- Troopiliste puuviljade sorbett
- Peamised laimipirukabatoonid

**JUHISED:**
a) Aseta lauale arbuusi- ja fetavardad.
b) Asetage mango-kookose riisipudingu tassid ja grillitud ananass.
c) Puista peale segatud marjajuustukoogi ampsud.
d) Lisa lusikatäie troopiliste puuviljade sorbetti.
e) Kaasake viilud laimipirukabatoonidest.

## 49. Sügisene magustoidulaud

**KOOSTISOSAD:**
- Õunasiidri sõõrikud
- Pumpkin Spice juustukoogibatoonid
- Karamelli õunaviilud
- Pekanipähklipiruka hammustused
- Vahtra pekanipähkli tartletid
- Jõhvika-apelsini mandli koogi viilud

**JUHISED:**
a) Aseta õunasiidri sõõrikud ja kõrvitsa-vürtsjuustukoogibatoonid.
b) Asetage karamellised õunaviilud ja pekanipähklipirukad.
c) Puista peale vahtra-pekanipähkli tartletid.
d) Lisa jõhvika-apelsini mandlikoogi viilud.

## 50.Talvine magustoidulaud

**KOOSTISOSAD:**
- Piparmündi Brownie Bites
- Munapähkli Panna Cotta kaneeliga
- Piparkoogid
- Šokolaadiga kastetud klementiinid
- Valge šokolaadi vaarika trühvlid
- Maitsestatud kuum šokolaad vahukommidega

**JUHISED:**
a) Korralda piparmündi-bronni ampsud ja munakoogi panna cotta.
b) Asetage piparkoogid ja šokolaadiga kastetud klementiinid.
c) Puista peale valge šokolaadi vaarikatrühvlid.
d) Serveeri vürtsidega kuuma šokolaadi kruusidesse koos vahukommidega.

## 51.Varasuvine Marja õndsusmagustoidulaud

**KOOSTISOSAD:**
- Maasikavarraste vardad
- Mustika sidrunibatoonid
- Vaarika mandli tartletid
- Muraka sorbett
- Sidruni-mooniseemne muffinid
- Segamarjaparfeed

**JUHISED:**
a) Korraldage maasika-muretoogivardad ja mustika-sidrunibatoonid.
b) Asetage vaarika mandli tartletid ja murakasorbett.
c) Puista peale sidruni-mooniseemnete muffinid.
d) Serveeri segamarjaparfeed üksikutes klaasides.

## 52. Hilissuvine kiviviljade rõõm magustoidulaud

**KOOSTISOSAD:**
- Peach Cobbler baarid
- Ploomi- ja mandligalette viilud
- Nektariini ja basiiliku sorbett
- Aprikoosi- ja pistaatsiapähklite energiahammustused
- Grillitud virsikud meetilgaga
- Kirsi-juustukoogid

**JUHISED:**
a) Asetage virsikubatoonid ja ploomi-mandligaleti viilud.
b) Aseta nektariini ja basiiliku sorbett ning aprikoosi-pistaatsia energiahammustused.
c) Puista peale grillitud virsikud meetilgaga.
d) Serveeri kausis kirsi-juustukoogi dipikaste.

## 53. Hubane sügisese saagikoristuse magustoidulaud

**KOOSTISOSAD:**
- Apple Crisp batoonid
- Pumpkin Whoopie pirukad
- Kaneeli suhkruvahtra röstitud pähklid
- Jõhvika-apelsini leivaviilud
- Vahtra pekanipuu tammetõru küpsised
- Butterscotch pudingutopsid

**JUHISED:**
a) Korraldage õunakrõpsubatoonid ja kõrvitsapirukad.
b) Aseta kaneeli-suhkru vahtra röstitud pähklid ja jõhvika-apelsini leivaviilud.
c) Puista vahtra-pekanipuu tammetõru küpsised.
d) Serveeri väikestes kaussides butterscotch pudingutopse.

## 54.Talv Wonderlandi magustoidulaud

**KOOSTISOSAD:**
- Piparmündikoore Brownie Bites
- Munakoorekreemi tortid
- Suhkrustatud jõhvikad
- Šokolaadiga kastetud kringlipulgad
- Vürtsitud apelsin Panna Cotta
- Lumepalliküpsised

**JUHISED:**
a) Korraldage piparmündikoorega brownie-hammustused ja munakoore vanillikaste.
b) Aseta peale suhkrustatud jõhvikad ja šokolaadiga kastetud kringlipulgad.
c) Puista peale maitsestatud apelsini panna cotta.
d) Serveeri dekoratiivselt lumepalliküpsiseid.

# TEEMALISED MAGUSTOTAAVID

## 55.Filmiõhtu Charcuterie Juhatus

**KOOSTISOSAD:**
- Popkorn (nt või, karamell või juust)
- Erinevad popkorni maitseained (nt rantšo, grill või kaneelisuhkur)
- Šokolaadikommid või šokolaadiga kaetud popkorn
- Erinevad pähklid (nt maapähklid, mandlid või india pähklid)
- Kringlid või minikringlipulgad
- Kuivatatud puuviljad (nt jõhvikad või rosinad)
- Erinevad kinosuupisted (nt kommid, lagrits või kummikarud)

**JUHISED:**
a) Asetage popkorni maitsed eraldi kaussidesse suurele serveerimislauale või vaagnale.
b) Asetage popkorni kausside kõrvale erinevad popkorni maitseained.
c) Magusaks maiuspalaks lisa tahvlile šokolaadikommid või šokolaadiga kaetud popkorn.
d) Krõmpsu ja maitse lisamiseks puista lauale laiali erinevaid pähkleid, kringleid ja kuivatatud puuvilju.
e) Lõbusa ja nostalgilise puudutuse saamiseks lisage erinevaid kinosuupisteid, nagu kommid, lagrits või kummikarud.
f) Serveeri ja naudi!

## 56.Popcorn FilmiõhtuCharcuterie Juhatus

## KOOSTISOSAD:
- Erinevad popkorni maitsed (nt või, karamell või juust)
- Erinevad popkorni maitseained (nt rantšo, grill või kaneelisuhkur)
- Šokolaadikommid või šokolaadiga kaetud popkorn
- Erinevad pähklid (nt maapähklid, mandlid või india pähklid)
- Kringlid või minikringlipulgad
- Kuivatatud puuviljad (nt jõhvikad või rosinad)
- Erinevad kinosuupisted (nt kommid, lagrits või kummikarud)

## JUHISED:
a) Asetage popkorni maitsed eraldi kaussidesse suurele serveerimislauale või vaagnale.
b) Asetage popkorni kausside kõrvale erinevad popkorni maitseained.
c) Magusaks maiuspalaks lisa tahvlile šokolaadikommid või šokolaadiga kaetud popkorn.
d) Krõmpsu ja maitse lisamiseks puista lauale laiali erinevaid pähkleid, kringleid ja kuivatatud puuvilju.
e) Lõbusa ja nostalgilise puudutuse saamiseks lisage erinevaid kinosuupisteid, nagu kommid, lagrits või kummikarud.
f) Serveeri ja naudi!

# 57.Taco Öö Charcuterie Juhatus

**KOOSTISOSAD:**
- Erinevad taco täidised (nt maitsestatud veisehakkliha, tükeldatud kana või grillitud köögiviljad)
- Tortillad (nt jahutortillad või maisitortillad)
- Erinevad lisandid (nt hakitud salat, tükeldatud tomatid, viilutatud sibul või hakitud koriander)
- Viilutatud jalapeñod või marineeritud jalapeñod
- Guacamole või viilutatud avokaado
- Salsa või kuum kaste
- Hapukoor või kreeka jogurt

**JUHISED:**
a) Küpseta taco täidised vastavalt oma eelistustele (maitsestatud veisehakkliha, tükeldatud kana või grillitud köögiviljad).
b) Asetage keedetud taco täidised eraldi kaussidesse suurele serveerimislauale või vaagnale.
c) Asetage täidise ümber tortillad ja erinevad lisandid, näiteks hakitud salat, kuubikuteks lõigatud tomatid, viilutatud sibul või hakitud koriander.
d) Lisa lauale viilutatud jalapeñod või marineeritud jalapeñod, guacamole või viilutatud avokaado, salsa või kuum kaste ja hapukoor või Kreeka jogurt.
e) Laske külalistel ise tacosid kokku panna, täites tortillad soovitud täidiste ja lisanditega.
f) Serveeri ja naudi!

## 58. Aiapeo magustoidulaud

**KOOSTISOSAD:**
- Lillelised tassikoogid
- Marja- ja Mascarpone Tartletid
- Söödavate lilledega rureküpsised
- Sidrun lavendel Madeleines
- Puuviljavardad meejogurti kastmega
- Roosi kroonlehe makaronid
- Vaarika roosi sorbett

**JUHISED:**
a) Korralda lillelised koogikesed ja marja-mascarpone tartletid.
b) Asetage söödavad lilleküpsised ja sidruni-lavendli madeleines.
c) Puista puuviljavardad meejogurti dipikastmega laiali.
d) Kaasake roosi kroonlehtede makroonid ja serveerige vaarika roosi sorbetti üksikute tasside kaupa.

## 59. Rannapidumagustoidulaud

**KOOSTISOSAD:**
- Liivalossi koogikesi
- Rannapallikoogid
- Sea Shell šokolaadi trühvlid
- Troopiliste puuviljade vardad
- Sinised Hawaii Jello tassid
- Kookose makroonid
- Ananassi sorbett

**JUHISED:**
a) Korraldage liivalossi koogikesi ja rannapallikooke.
b) Asetage merekarbi šokolaaditrühvlid ja troopiliste puuviljade vardas.
c) Hajuta sinised Hawaii jello tassid laiali.
d) Kaasake kookosmakroonid ja serveerige ananassisorbetti eraldi tassides.

# 60. Raamatusõbra magustoidulaud

**KOOSTISOSAD:**
- Avage raamatupruunid
- Kirjandusliku tsitaadi küpsised
- Raamatuussi kummikommid
- Teetassikoogid
- Raamatukogukaardi minitartletid
- Uudsed kaanekoogid
- Matcha järjehoidjad

**JUHISED:**
a) Korraldage avatud raamatute küpsiseid ja kirjanduslike tsitaatide küpsiseid.
b) Asetage raamatuussi kummikommid ja teekoogid.
c) Laiali raamatukogukaardi minitartletid.
d) Kaasake uudsed kaanekoogid ja serveerige koos matcha järjehoidjaid.

## 61. Mänguõhtu magustoidulaud

**KOOSTISOSAD:**
- Maletükkide küpsised
- Täringukoogid
- Scrabble Letter Brownies
- Kommid pokkeri žetoonid
- Mängukontroller Šokolaadipulgakommid
- Twisteri koogikesi
- Candylandi vikerkaare vahukommi maiuspalad

**JUHISED:**
a) Korraldage maletükkide küpsised ja täringud kooki.
b) Asetage scrabble kirjaga brownie ja kommid pokkeri žetoone.
c) Puista mängukontrolleri šokolaadi pulgakommid laiali.
d) Kaasake twister koogikesi ja candylandi vikerkaarevahukommi maiuseid.

## 62.Masquerade Pall magustoidulaud

**KOOSTISOSAD:**
- Masquerade maski küpsised
- Šokolaadiga kastetud maasikad kullatolmuga
- Veneetsia ooperi koogi viilud
- Elegantsed makaronid
- Kuldsed ja mustad nelipüksid
- Šampanjasorbett marjadega
- Punased samettrühvlid

**JUHISED:**
a) Korralda maskeraadiküpsised ja šokolaadiga kastetud maasikad.
b) Asetage Veneetsia ooperikoogi viilud ja elegantsed makroonid.
c) Laiali kuldsed ja mustad väikesed neljakesed.
d) Kaasa šampanjasorbett marjade ja punaste sametrühvlitega.

## 63. Kosmoseuuringute magustoidulaud

**KOOSTISOSAD:**
- Galaxy koogikesi
- Planet Cake Pops
- Võõrad suhkruküpsised
- Meteoriidist šokolaaditrühvlid
- Kosmilised sõõrikud
- Astronauti jäätisevõileivad
- Tähekujulised puuviljavardad

**JUHISED:**
a) Korraldage galaxy koogikesi ja planeedi kooke.
b) Asetage tulnukate suhkruküpsised ja meteoriidist šokolaaditrühvlid.
c) Puista kosmilised sõõrikud laiali.
d) Kaasake astronautide jäätisevõileivad ja tähekujulised puuviljavardad.

## 64.Karnevali lõbumagustoidulaud

**KOOSTISOSAD:**
- Cutton Candy Cupcakes
- Karamelli õunaviilud
- Lehtrikoogihammustused
- Popkorni vahukommi maiused
- Kommiga kaetud kringlivardad
- Minipehmed serveerimisjäätised
- Limonaadi sorbett

**JUHISED:**
a) Korraldage suhkruvatti koogikesed ja karamellised õunaviilud.
b) Asetage lehtrikoogid ja popkorni vahukommi maiused.
c) Puista kommikattega kringlipulgad laiali.
d) Kaasake väikesed pehmed jäätisekäbid ja serveerige limonaadisorbetti üksikutes tassides.

## 65.Troopiline Luau magustoidulaud

**KOOSTISOSAD:**
- Ananassi kookoskoogi ruudud
- Mango Passionfruit Macarons
- Pina Colada koogikesi
- Troopiliste puuviljade salativardad
- Hula tüdruku suhkruküpsised
- Kookose rummi trühvlid
- Litši sorbett

**JUHISED:**
a) Korralda ananassi kookoskoogi ruudud ja mango passionivilja makaronid.
b) Asetage pina colada koogikesed ja troopiliste puuviljade salativardad.
c) Puista hula tüdruku suhkruküpsised laiali.
d) Kaasake kookosrummi trühvlid ja serveerige litši sorbetti eraldi tassides.

# 66.Ükssarviku fantaasiamagustoidulaud

**KOOSTISOSAD:**
- Vikerkaare ükssarviku tassikoogid
- Ükssarviku koogipopid
- Magic Wand suhkruküpsised
- Ükssarviksarve besee
- Värvilised suhkruvatid
- Pastelsed makaronid
- Ükssarviku kaka šokolaadikoor

**JUHISED:**
a) Korraldage vikerkaare ükssarviku koogikesi ja ükssarviku koogikesi.
b) Asetage võlukepiga suhkruküpsised ja ükssarviku sarvedest besee.
c) Puista värvilist suhkruvatti.
d) Kaasa pastelsed makroonid ja ükssarviku kaka šokolaadikoor.

# 67.Muusikafestival Vibratsioonid magustoidulaud

**KOOSTISOSAD:**
- Elektrikitarri küpsised
- Festivali Lillekoogid
- Disco Pall Cake Pops
- Rockstar kommide segu
- Lipsuvärvi sõõrikud
- Noot Šokolaadiga kaetud kringlid
- Rainbow Sherbet Push Pops

**JUHISED:**
a) Korraldage elektrikitarri küpsiseid ja festivalilillede koogikesi.
b) Asetage diskopalli kook ja rockstar kommi segu.
c) Hajuta lipsuvärvi sõõrikud laiali.
d) Kaasake šokolaadiga kaetud kringlid noodiga ja serveerige vikerkaarekujulisi šerbeti tõukeid.

## 68.Talv Wonderlandi magustoidulaud

**KOOSTISOSAD:**
- Lumehelveste suhkruküpsised
- Piparmündi kuumad šokolaadikoogid
- Valge šokolaadi jõhvikakoor
- Sädelevad Talvmarja Jello tassid
- Piparkoogitrühvlid
- Talv Wonderland Cake Pops
- Valge šokolaadi vaarika juustukook Bites

**JUHISED:**
a) Korralda lumehelvestest suhkruküpsised ja piparmündi kuuma šokolaadi koogikesed.
b) Asetage valge šokolaadi jõhvikakoor ja sädelevad talvemarja tarretise tassid.
c) Puista peale piparkoogitrühvlid.
d) Kaasa talvised imedemaa koogid ja valge šokolaadi vaarika juustukoogid.

## 69. 80ndate retrohõnguline magustoidulaud

**KOOSTISOSAD:**
- Neoonvärvi koogikesi
- Rubiku kuubiku küpsised
- Pac-Mani koogipopsid
- Boombox Rice Krispie maiuspalad
- Jellybean Rainbow
- Kassettlint Šokolaaditahvlid
- Pop-rokkidega infundeeritud Candy Fudge

**JUHISED:**
a) Korraldage neoonvärvi koogikesi ja Rubiku kuubiku küpsiseid.
b) Asetage Pac-Mani koogipoogid ja boombox-riiskrispie maiuspalad.
c) Hajuta marmelaadist vikerkaar.
d) Kaasa kassetišokolaaditahvlid ja pop-rokkidega infundeeritud kommikarp.

## 70.Suvi Campfire S'mores magustoidulaud

**KOOSTISOSAD:**
- S'moresi baarid
- Lõkketassikoogid
- Šokolaadiga kastetud kringlipulk "palgid"
- Vahukommi popid
- Trail Mix klastrid
- Graham Cracker Fudge Bites
- Röstitud maasika S'mores Dip

**JUHISED:**
a) Korraldage s'moresi baare ja lõkkekoogikesi.
b) Asetage šokolaadiga kastetud kringlipulga "palgid" ja vahukommi popid.
c) Hajuta radade seguklastreid.
d) Kaasake Graham kreekeri fudge hammustused ja serveerige röstitud maasika s'mores dipi.

# 71.Detektiiv Müsteerium Dessert Juhatus

**KOOSTISOSAD:**
- Suurendusklaasi küpsised
- Detektiivkübara koogikesi
- Müsteerium Key laimipirukabatoonid
- Sherlock Holmesi torušokolaadist popid
- Kuriteopaiga šokolaadiga kaetud maasikad
- Whoduniti punase sametise koogipallid
- Salapärase kaardi piparkoogiküpsised

**JUHISED:**
a) Korraldage suurendusklaasiküpsiseid ja detektiivikübarakoogikesi.
b) Asetage salapärase võtmega laimipirukabatoonid ja Sherlock Holmesi torušokolaaditopsid.
c) Puista kuriteopaiga šokolaadiga kaetud maasikad.
d) Kaasake whoduniti punased sametkoogipallid ja mõistatuskaardi piparkoogid.

## 72. Kevadise aia teepeo magustoidulaud

**KOOSTISOSAD:**
- Lilletee tassikoogid
- Butterfly suhkruküpsised
- Sidruni leedriõie koogi viilud
- Pastelsed makaronid
- Marja- ja piparmündi puuviljasalat
- Söödav lill Panna Cotta
- Lavendli muretaigna küpsised

**JUHISED:**
a) Korralda lillelised teekoogid ja liblikasuhkruküpsised.
b) Aseta peale sidruni-leedriõie koogiviilud ja pastelsed makroonid.
c) Puista peale marja- ja piparmündi puuviljasalat.
d) Kaasa söödava lillega panna cotta ja lavendlist purukooki küpsised.

# ŠOKOLAADI MAGUSTOTAAVID

# 73.Šokolaad Charcuterie Juhatus

**KOOSTISOSAD:**
- Erinevad šokolaadid (nt tume šokolaad, piimašokolaad või valge šokolaad)
- Šokolaadiga kaetud puuviljad (nt maasikad, banaaniviilud või kuivatatud aprikoosid)
- Šokolaaditrühvlid või bonbonid
- Erinevad pähklid (nt mandlid, sarapuupähklid või pistaatsiapähklid)
- Kringlid või biscottid
- Värsked puuviljad (nt viinamarjad või vaarikad)
- Niristamiseks karamell- või šokolaadikaste

**JUHISED:**
a) Laota šokolaadid suurele serveerimislauale või vaagnale.
b) Aseta šokolaadiga kaetud puuviljad šokolaadide kõrvale.
c) Luksuslikuks maiuspalaks lisage tahvlile šokolaaditrühvleid või bonbone.
d) Lisa tekstuuri ja maitse saamiseks puista lauale laiali erinevaid pähkleid.
e) Pakkuge külalistele kringlit või biscotti, et nad saaksid šokolaadi sisse kasta või omaette nautida.
f) Värskendava elemendi saamiseks lisage värskeid puuvilju, näiteks viinamarju või vaarikaid.
g) Nirista šokolaadide ja puuviljade peale karamelli- või šokolaadikastet.
h) Serveeri ja naudi!

# 74. Kommimaa "Jarcuterie"

**KOOSTISOSAD:**

- Erinevad kommid (nt kummikarud, lagrits, M&M's või tarretised)
- Šokolaadiga kaetud kringel või popkorn
- Mini vahukommid
- Erinevad küpsised või vahvlipulgad
- Sprinkles või söödav litter
- Väikesed purgid või anumad serveerimiseks

**JUHISED:**

a) Täitke iga väike purk või konteiner erinevat tüüpi kommidega.
b) Asetage täidetud purgid või anumad suurele serveerimislauale või vaagnale.
c) Magusa ja soolase koosluse saamiseks lisa tahvlile šokolaadiga kaetud kringlit või popkorni.
d) Tekstuuri lisamiseks puistake purkide ümber minivahukomme.
e) Pakkuge külalistele erinevaid küpsiseid või vahvlipulki, et neid kommidesse kasta või omaette nautida.
f) Piserdage tahvlile värvilisi puisteid või söödavaid litreid piduliku hõngu saamiseks.
g) Serveeri ja naudi!

## 75.Puuviljaamet

**KOOSTISOSAD:**
- Erinevad värsked puuviljad (nt viinamarjad, marjad, melon, ananass jne)
- Kuivatatud puuviljad (nt aprikoosid, datlid, viigimarjad jne)
- Erinevad pähklid (nt mandlid, india pähklid, pistaatsiapähklid jne)
- Mee- või puuviljakaste serveerimiseks

**JUHISED:**
a) Peske ja valmistage värsked puuviljad, lõigake suuremad puuviljad suupärasteks tükkideks.
b) Laota värsked puuviljad suurele serveerimislauale või vaagnale.
c) Asetage lauale väikesed kausid või ramekiinid kuivatatud puuviljade ja pähklite hoidmiseks.
d) Täitke kausid kuivatatud puuviljade ja pähklitega, moodustades eraldi kobarad.
e) Nirista mett värsketele puuviljadele või serveeri seda väikeses tassis koos.
f) Serveeri ja naudi!

# 76.Magustoidulaud jõhvikašokolaaditrühvlitega

**KOOSTISOSAD:**
**JÕHIKAŠOKOLAATTRÜHVLILE:**
- 8 untsi tumedat šokolaadi, tükeldatud
- 1/2 tassi kuivatatud jõhvikaid
- 1/4 tassi rasket koort
- Rullimiseks kakaopulber või tuhksuhkur

**JUHEND:**
**JÕHIKAŠOKOLAATTRÜHVLILE:**
a) Pane tükeldatud tume šokolaad kuumakindlasse kaussi.
b) Kuumuta potis koort keskmisel kuumusel, kuni see hakkab podisema.
c) Vala kuum koor tükeldatud tumedale šokolaadile ja lase seista minut aega.
d) Sega segu, kuni šokolaad on täielikult sulanud ja ühtlane.
e) Lisa šokolaadisegule kuivatatud jõhvikad ja sega ühtlaseks.
f) Kata kauss ja pane segu külmkappi vähemalt 2 tunniks või kuni see on tahke.
g) Kui see on jahtunud, kasutage trühvlisegu portsjoniteks lusika või väikese kulbi abil.
h) Veeretage iga portsjon palliks, seejärel veeretage katmiseks kakaopulbrit või tuhksuhkrut.
i) Aseta trühvlid küpsetuspaberiga kaetud alusele ja hoia serveerimiseni külmkapis.

**MAGUSTOTAADILE:**
j) Laota jõhvikašokolaaditrühvlid suurele serveerimislauale või vaagnale.
k) Lisage tahvlile muid erinevaid magustoite, nagu miniküpsised, šokolaadiga kaetud puuviljad või minikoogid.
l) Andke külalistele magustoitude nautimiseks väikesed taldrikud või salvrätikud.
m) Serveeri ja naudi!

# 77. S'Mores Charcuterie Juhatus

**KOOSTISOSAD:**
- Grahami kreekerid
- Vahukommid
- Šokolaaditahvlid (nt piimašokolaad või tume šokolaad)
- Erinevad määrded (nt maapähklivõi või Nutella)
- Viilutatud maasikad või banaanid (valikuline)
- Röstitud pähklid (nt mandlid või maapähklid)
- Erinevad küpsised (nt murekoogid või šokolaadiküpsised)
- Vardad või pulgad vahukommide röstimiseks

**JUHISED:**
a) Asetage grahami kreekerid, vahukommid ja šokolaaditahvlid suurele serveerimislauale või vaagnale.
b) Asetage kreekerite, vahukommide ja šokolaadi kõrvale erinevad võided, viilutatud maasikad või banaanid ja röstitud pähklid.
c) Lisage tahvlile erinevaid küpsiseid, et saada magusust ja tekstuuri.
d) Paku külalistele vahukommide röstimiseks vardasid või pulgad.
e) Laske külalistel luua oma S'moresid, asetades grahami kreekerite vahele röstitud vahukomme, šokolaadi ja määrdeid.
f) Serveeri ja naudi!

# 78. Juustufondüü juhatus

**KOOSTISOSAD:**
**JUUSTU FONDUE KOHTA:**
- Erinevad juustud fondüü jaoks (nt Gruyère, Emmental või Fontina)
- Valge vein või köögiviljapuljong
- Küüslauk, hakitud
- Maisitärklis või jahu
- Erinevad kastmed (nt saiakuubikud, blanšeeritud köögiviljad või õunaviilud)

**JUHISED**
**JUUSTU FONDUE KOHTA:**
a) Riivi juustuvalik ja tõsta kõrvale.
b) Kuumuta fondüüpotis või kastrulis keskmisel kuumusel valge vein või köögiviljapuljong.
c) Lisa hakitud küüslauk ja lase minut aega küpseda.
d) Lisa vähehaaval pidevalt segades riivjuustud, kuni need on sulanud ja ühtlased.
e) Eraldi kausis segage maisitärklis või jahu vähese veega, et saada läga.
f) Lisage segu juustusegule ja segage, kuni see pakseneb.
g) Tõsta juustufondüü fondüüpotti või hoia madalal kuumusel soojas.
h) Serveeri erinevate kastmetega.
**JUUSTU FONDUEPAADI KOHTA:**
i) Asetage juustufondüü pott või kastrul suure serveerimislaua keskele.
j) Asetage poti ümber erinevad kastmed, näiteks saiakuubikud, blanšeeritud köögiviljad või õunaviilud.
k) Andke külalistele fondüükahvlid või -vardad, et kastad juustufondüüsse.
l) Serveeri ja naudi!

## 79.Nami šokolaadifondüü Charcuterie tahvel

**KOOSTISOSAD:**
**ŠOKOLAADI FONDUE JAOKS**
- Erinevad fondüü šokolaadid (nt piimašokolaad, tume šokolaad või valge šokolaad)
- Raske koor või piim
- Erinevad kastmed (nt puuviljad, vahukommid, küpsised või kringlid)

**JUHISED:**
**Šokolaadifondüü jaoks:**
a) Haki šokolaadisordid väikesteks tükkideks ja tõsta kõrvale.
b) Kuumuta potis koort või piima keskmisel kuumusel, kuni see hakkab podisema.
c) Tõsta kastrul tulelt ja lisa tükeldatud šokolaadid.
d) Sega segu, kuni šokolaad on täielikult sulanud ja ühtlane.
e) Tõsta šokolaadifondüü fondüüpotti või hoia madalal kuumusel soojas.
f) Serveeri erinevate kastmetega.

**CHARCUTERIE JUHATUSELE:**
g) Asetage šokolaadifondüü pott või kastrul suure serveerimislaua või vaagna keskele.
h) Asetage poti ümber erinevad kastmed, näiteks puuviljad, vahukommid, küpsised või kringlid.
i) Andke külalistele vardad või kahvlid šokolaadifondüüsse kastmiseks.
j) Serveeri ja naudi!

## 80. Dekadentlik šokolaadisõbra magustoidulaud

**KOOSTISOSAD:**
- Tume šokolaadi trühvlid
- Šokolaadiga kaetud maasikad
- Kolmekordsed šokolaadipruunid
- Šokolaadiga kastetud kringlipulgad
- Mini šokolaadi-juustukoogid
- Nutella-täidisega šokolaadiküpsised
- Valge šokolaadi vaarika tassid

**JUHISED:**
a) Laota tumeda šokolaadi trühvlid ja šokolaadiga kaetud maasikad.
b) Aseta kolmekordsed šokolaadi-bronnid ja šokolaadiga kastetud kringlivardad.
c) Puista peale minišokolaadijuustukoogid.
d) Kaasa Nutella täidisega šokolaadiküpsised ja valge šokolaadi vaarikatopsid.

# 81. Klassikaline šokolaadilemmikute magustoidulaud

**KOOSTISOSAD:**
- Šokolaadivahutopsid
- Šokolaad Fudge Brownies
- Šokolaadiküpsised
- Šokolaadiga kaetud mandlid
- Šokolaadiga kastetud vahukommid
- Šokolaadi-pekanipähklite viilud
- Piimašokolaadi karamelltrühvlid

**JUHISED:**
a) Korralda šokolaadivahutopsid ja šokolaadi-fudge-bronnid.
b) Aseta peale šokolaadiküpsised ja šokolaadiga kaetud mandlid.
c) Puista laiali šokolaadiga kastetud vahukommid.
d) Kaasake šokolaadi-pekanipähklite viilud ja piimašokolaadikaramelltrühvlid.

# 82. Gurmeešokolaadi maitsega magustoidulaud

**KOOSTISOSAD:**
- Ühe päritoluga tumešokolaaditahvlid
- Šokolaadiga kaetud espressooad
- Šokolaadiga kaetud apelsinikoor
- Meresoola karamellšokolaad
- Tšilli šokolaaditrühvlid
- Sarapuupähkli pralinee šokolaad
- Šokolaadi-ganache-torti viilud

**JUHISED:**
a) Korraldage ühe päritoluga tumeda šokolaadi tahvlid ja šokolaadiga kaetud espressooad.
b) Aseta peale šokolaadiga kaetud apelsinikoore ja meresoola karamellšokolaad.
c) Puista peale tšilli šokolaaditrühvlid.
d) Kaasa sarapuupähklipralinee šokolaadi ja šokolaadi ganache torti viilud.

## 83. Valge šokolaadi Wonderlandi magustoidulaud

**KOOSTISOSAD:**
- Valge šokolaadi vaarika juustukook Bites
- Valge šokolaadi kringlikoor
- Kookose valge šokolaadi trühvlid
- Valge šokolaadiga kastetud maasikad
- Sidrunivalge šokolaadi blondid
- Pistaatsia valge šokolaadi fudge
- Valge šokolaadi vahulaskjad

**JUHISED:**
a) Asetage valge šokolaadi vaarika juustukoogi amps ja valge šokolaadi kringlikoor.
b) Aseta kookose valge šokolaadi trühvlid ja valge šokolaadiga kastetud maasikad.
c) Puista sidrunivalge šokolaadi blondid.
d) Kaasa pistaatsia valge šokolaadi fudge ja valge šokolaadi vahutükid.

## 84. Kivine tee järeleandmine Dessert Juhatus

**KOOSTISOSAD:**
- Rocky Road Brownies
- Šokolaadiga kastetud vahukommi popsid
- Sarapuupähkli šokolaadikobarad
- Mandli rõõmu tassid
- Šokolaadiga kaetud kringlipulgad
- Kolmekordne šokolaadi popkorn
- Piimašokolaadikaramelli pähklite kobarad

**JUHISED:**
a) Korraldage rocky road browniesid ja šokolaadiga kastetud vahukommipoppe.
b) Asetage sarapuupähkli šokolaadikobarad ja mandli rõõmutopsid.
c) Aja šokolaadiga kaetud kringlipulgad laiali.
d) Kaasake kolmekordse šokolaadi popkorni ja piimašokolaadi karamelli pähklite klastrid.

## 85.Piparmünt Šokolaad Õndsus magustoidulaud

**KOOSTISOSAD:**
- Mündi šokolaaditükkidega koogikesi
- Šokolaadi-mündipruunid
- Andide piparmündi šokolaadiga kaetud maasikad
- Piparmündikotletid
- Mündišokolaadivahust tukkurid
- Õhukesed piparmündiküpsised
- Tume šokolaadi piparmündikoor

**JUHISED:**
a) Korralda piparmündi-šokolaaditükkidega koogikesi ja šokolaadimündiküpsiseid.
b) Asetage Andide piparmündi šokolaadiga kaetud maasikad ja piparmündikotletid.
c) Laiali piparmündi-šokolaadivahutükid.
d) Kaasake õhukesed piparmündiküpsised ja tumeda šokolaadi piparmündikoor.

## 86.Šokohooliku unistuste magustoidulaud

**KOOSTISOSAD:**
- Šokolaadi-laava koogid
- Pähklik šokolaad rabe
- Šokolaadiga kaetud banaanihammustused
- Kolmekordsed šokolaadi-juustukoogi viilud
- Šokolaadi mandli klastrid
- Šokolaadiga kastetud kookosemakaronid
- Tume šokolaadi vaarika tartletid

**JUHISED:**
a) Asetage šokolaadi-laavakoogid ja pähkline šokolaad rabedaks.
b) Aseta peale šokolaadiga kaetud banaanihammustused ja kolmekordsed šokolaadi-juustukoogi viilud.
c) Puista šokolaadi mandli kobarad.
d) Kaasa šokolaadiga kastetud kookosmakroonid ja tumeda šokolaadi vaarika tartletid.

## 87. Karamellšokolaadiga magustoidulaud

**KOOSTISOSAD:**
- Soolakaramell-šokolaaditorti viilud
- Karamellšokolaadi kringlipulgad
- Šokolaadikaramelli popkorni klastrid
- Linnutee juustukook Bites
- Karamellitäidisega šokolaaditrühvlid
- Kilpkonnapruuni hammustused
- Šokolaadikaramelliga kastetud õunad

**JUHISED:**
a) Laota soolakaramell-šokolaaditorti viilud ja karamellšokolaadi kringlipulgad.
b) Asetage šokolaadikaramelli popkorni kobarad ja Linnutee juustukoogid.
c) Puista peale karamellitäidisega šokolaaditrühvlid.
d) Kaasa kilpkonna brownie hammustused ja šokolaadikaramelliga kastetud õunad.

## 88.S'mores Galore magustoidulaud

**KOOSTISOSAD:**
- S'moresi koogikesi
- Graham Cracker Brownie Bites
- Šokolaadiga kastetud vahukommi popsid
- S'mores Bark
- Mini S'mores juustukoogid
- Röstitud kookosešokolaadibatoonid
- Tume šokolaadi S'mores trühvlid

**JUHISED:**
a) Korraldage s'moresi koogikesi ja grahami kreekeri-bronni ampsu.
b) Asetage šokolaadiga kastetud vahukommi pops ja s'mores'i koor.
c) Puista mini s'mores juustukoogid laiali.
d) Kaasake röstitud kookosešokolaaditahvlid ja tumeda šokolaadi s'mores trühvlid.

## 89. Valge šokolaadi vaarika romantika magustoidulaud

**KOOSTISOSAD:**
- Valge šokolaadi vaarika juustukoogibatoonid
- Vaarika šokolaadi trühvlid
- Valge šokolaadi vaarika blondid
- Vaarika-šokolaaditorti viilud
- Valge šokolaadi vaarikavahu tassid
- Tume šokolaadi Vaarika Fudge
- Vaarika mandli šokolaadikoor

**JUHISED:**
a) Laota valge šokolaadi vaarika juustukoogibatoonid ja vaarikašokolaaditrühvlid.
b) Aseta peale valge šokolaadi vaarika blondid ja vaarikašokolaaditorti viilud.
c) Valage valge šokolaadi vaarikavahu tassid laiali.
d) Kaasake tumeda šokolaadi vaarika fudge ja vaarika mandli šokolaadikoor.

# 90.Sarapuupähkli šokolaaditaeva magustoidulaud

**KOOSTISOSAD:**
- Sarapuupähkli šokolaadist Tiramisu tassid
- Nutella-täidisega šokolaadisarvesaiad
- Sarapuupähklišokolaadi trühvli pops
- Šokolaadi sarapuupähkli juustukoogi hammustused
- Sarapuupähkli šokolaadikringli klastrid
- Šokolaadi sarapuupähkli besee küpsised
- Sarapuupähklišokolaadivahust tulistajad

**JUHISED:**
a) Korralda sarapuupähklišokolaadi tiramisutopsid ja Nutella-täidisega šokolaadisarvesaiad.
b) Asetage sarapuupähklišokolaaditrühvli popid ja šokolaadi-sarapuupähkli juustukoogid.
c) Puista laiali sarapuupähklišokolaadi kringlitükid.
d) Kaasake šokolaadi-sarapuupähkli-beseeküpsised ja sarapuupähklišokolaadivahutükid.

## 91. Šokolaad Kastetud delikatessid Magustoidulaud

**KOOSTISOSAD:**
- Šokolaadiga kastetud maasikad
- Šokolaadiga kastetud banaanid
- Šokolaadiga kastetud kringli keerud
- Šokolaadiga kastetud kookosemakaronid
- Šokolaadiga kastetud apelsiniviilud
- Šokolaadiga kastetud karamelliõunad
- Šokolaadiga kaetud viinamarjad

**JUHISED:**
a) Korraldage šokolaadiga kastetud maasikad, banaanid ja kringlitükid.
b) Aseta peale šokolaadiga kastetud kookosmakroonid ja apelsiniviilud.
c) Puista šokolaadiga kastetud karamellised õunad.
d) Kaasa šokolaadiga kaetud viinamarjad mitmesuguste kastetud hõrgutiste jaoks.

# PUUVILJALE KESKENDATUD MAGUSTOTAAVID

## 92.Marja õndsusBonanza magustoidulaud

**KOOSTISOSAD:**
- Segamarja tartletid
- Mustika sidruni juustukook Bites
- Maasikavarraste vardad
- Vaarika mandlibatoonid
- Blackmarja Panna Cotta tassid
- Marja Parfeit Shooters
- Šokolaadiga kastetud maasikad

**JUHISED:**
a) Korralda omavahel segatud marjatartletid ja mustika-sidrunjuustukoogid.
b) Asetage maasika-muretoogivardad ja vaarika mandlibatoonid.
c) Puista muraka panna cotta tassid laiali.
d) Kaasake marjaparfee shooters ja šokolaadiga kastetud maasikad.

## 93.Troopiliste puuviljade paradiismagustoidulaud

**KOOSTISOSAD:**
- Ananassi kookoskoogi ruudud
- Mango sorbett
- Kiivi laimi tartletid
- Passionfruit Mousse tassid
- Kookose makaronid
- Dragon Fruit Popsicles
- Troopiliste puuviljade salativardad

**JUHISED:**
a) Aseta ananassi kookoskoogi ruudud ja mangosorbett.
b) Asetage kiivi-laimi tartletid ja passionfruit-vahutopsid.
c) Puista peale kookosmakaronid.
d) Kaasake draakonipuuviljadest valmistatud popsikesed ja troopiliste puuviljade salativardad.

## 94.Citrus Burst Extravaganza magustoidulaud

**KOOSTISOSAD:**
- Sidrunibatoonid
- Oranž Creamsicle Popsicles
- Greipfruudi brûlée
- Laimi kookose koogikesi
- Tsitrusviljade makaronid
- Sidruni mustika tartletid
- Veriapelsini sorbett

**JUHISED:**
a) Korraldage sidrunibatoonid ja apelsinikreemid.
b) Asetage greipfruudi ja laimi kookose koogikesi.
c) Puista peale tsitruselised makroonid.
d) Kaasake sidrunimustika tartletid ja serveerige veriapelsini sorbetti eraldi tassides.

## 95.Orchard LõikusrõõmudDessert Juhatus

**KOOSTISOSAD:**
- Karamelli õunaviilud
- Virsiku Melba minipirukad
- Ploom Kucheni baarid
- Aprikoosi mandli viilud
- Marja- ja õunasiidri sõõrikuaugud
- Grillitud virsikud meega
- Segatud puuviljad

**JUHISED:**
a) Aseta karamell-õunaviilud ja virsikumelba minipirukad.
b) Asetage ploomikucheni batoonid ja aprikoosimandli viilud.
c) Puista marja- ja õunasiidri sõõrikuaugud laiali.
d) Kaasake grillitud virsikud meega ja segatud puuviljad.

## 96.Meloni segu magustoidulaud

**KOOSTISOSAD:**
- Arbuusipaprikad
- Cantaloupe Piparmünt sorbett
- Mesikaste basiiliku puuviljasalat
- Melonipallivardad
- Kiwi laimi kookose Chia pudingu tassid
- Mango Melon Agua Fresca Shooters
- Marja Melon Gazpacho Shooters

**JUHISED:**
a) Korraldage arbuusipaprikaid ja kantaluupi piparmündisorbett.
b) Aseta mesikaste basiiliku puuviljasalat ja melonipallivardad.
c) Puista kiivi-laimi kookose-chia pudingu tassid.
d) Kaasake mango melon agua fresca shooters ja marja melon gazpacho shooters.

## 97.Eksootiliste puuviljade seiklusmagustoidulaud

**KOOSTISOSAD:**
- Litši roosivee sorbett
- Papaya Lime Sorbetto tassid
- Starfruit viilud tšilli soolaga
- Passionfruit Pavlova pesad
- Guajaavi makaronid
- Jackfruit Coconut Rice Pudingu purgid
- Dragon Fruit juustukoogibatoonid

**JUHISED:**
a) Asetage litši roosivee sorbeti ja papaia laimi sorbetitopsid.
b) Aseta täheviljaviilud tšillisoolaga ja passionivilja pavlova pesad.
c) Puista peale guajaavimakaronid.
d) Kaasa jackfruit kookose riisipudingi purgid ja draakoni puuvilja juustukoogi batoonid.

## 98.Suvi Marja Fiesta magustoidulaud

**KOOSTISOSAD:**
- Maasika-basiiliku koogitopsid
- Mustika-sidruni popsicles
- Vaarika kookose riisipudingi purgid
- Blackmarja Piparmünt limonaadi sorbett
- Segamarjagaleti viilud
- Marjajogurti parfeed
- Marjalicious šokolaadiga kaetud kringlipulgad

**JUHISED:**
a) Korralda maasika-basiiliku purukoogitopsid ja mustika-sidruni popsikesed.
b) Asetage vaarika kookose riisipudingi purgid ja muraka-mündi limonaadi sorbett.
c) Puista peale segatud marjagaleti viilud.
d) Kaasa marjajogurti parfee ja marjase šokolaadiga kaetud kringlipulgad.

## 99.Tsitrusviljade karnevali magustoidulaud

**KOOSTISOSAD:**
- Oranžid Creamsicle tassikoogid
- Greipfruudi Granita tassid
- Sidruni mooniseemne skoonid
- Laimi basiiliku sorbett
- Tsitrusviljade mascarpone tordiviilud
- Clementine šokolaadiga kastetud kommid
- Suhkrustatud sidrunikoor

**JUHISED:**
a) Korraldage apelsinikreemist koogikesi ja greibi granita tassi.
b) Aseta peale sidruni-mooniseemneskoonid ja laimi basiiliku sorbett.
c) Puista peale tsitruseliste mascarpone hapuviilud.
d) Kaasa klementiini šokolaadiga kastetud kommid ja suhkrustatud sidrunikoor.

# 100. Mango Madnessi magustoidulaud

**KOOSTISOSAD:**
- Mango kleepuva riisi parfee purgid
- Mango sorbett
- Kookospähkli mango riisipudingu tassid
- Passionfruit Mango juustukoogibatoonid
- Mango basiiliku salsa kaneelisuhkru tortilla laastudega
- Mango kookose makroonid
- Troopilised mango-smuutid

**JUHISED:**
a) Korraldage mango kleepuvad riisiparfee purgid ja mangosorbett.
b) Asetage kookospähkli mango riisipudingu tassid ja passionfruit mango juustukoogi batoonid.
c) Puista peale mango basiiliku salsa kaneelisuhkru tortilla laastudega.
d) Kaasake mango-kookospähkli makroone ja serveerige troopilisi mangosmuutisid üksikutes tassides.

# KOKKUVÕTE

Kui lõpetame oma veetleva teekonna läbi "Täielike magustoidulaudade retseptiraamatu", loodame, et olete kogenud rõõmu magustoidu muutmisest visuaalseks ja kulinaarseks meistriteoseks. Iga nendel lehtedel olev retsept tähistab esitlemiskunsti, maiustuste mitmekesisust ja magustoidu ühises keskkonnas jagamise naudingut – see annab tunnistust loovusest ja järeleandlikkusest, mida magustoidulauad lauale toovad.

Ükskõik, kas olete maitsnud šokolaadifondüütahvlite rikkalikkust, nautinud puuvilja- ja juustumäärete värskust või elegantsete küpsetiste magusust, usume, et need retseptid on inspireerinud teid looma oma visuaalselt vapustavaid magustoiduplaate. Lisaks koostisosadele ja tehnikatele võib magustoidulaudade kontseptsioonist saada rõõmu, ühenduse ja ühiste rõõmuhetkede allikas.

Kui jätkate magustoidulaudade maailma avastamist, võib " Täielike magustoidulaudade retseptiraamatu " olla teie usaldusväärne kaaslane, juhendades teid erinevate maitsvate valikute vahel, mis tõstavad teie magustoidumängu kõrgemale ja muudavad iga sündmuse magusaks pidustuseks. Siin saate luua ilusaid mälestusi ja nautida ülimat lauakogemust – ootavad ees armsad hetked!

www.ingramcontent.com/pod-product-compliance
Lightning Source LLC
Chambersburg PA
CBHW071910110526
44591CB00011B/1620